AF640904

Für
Lulu, Lilli,
Steffi

Über die Autorin

Judith Drews hat Illustration in Hamburg studiert und arbeitet in dem von ihr gegründeten Atelier Flora als freie Illustratorin und Gestalterin für Verlage im In- und Ausland. Für ihre Illustrationen erhielt sie zahlreiche nationale und internationale Auszeichnungen. Sie hat bislang mehr als 50 Bücher veröffentlicht und lebt mit Mann und zwei Töchtern in Berlin ganz in der Nähe eines Einhornwaldes. Oder so ähnlich.

Klimaneutral
Druckprodukt
ClimatePartner.com/13916-1911-1001

MIX
Aus verantwortungsvollen Quellen
FSC
www.fsc.org
FSC® C023577

Ein verlagsneues Buch kostet in ganz Deutschland und Österreich jeweils dasselbe.
Das liegt an der gesetzlichen Buchpreisbindung, die dafür sorgt, dass die kulturelle Vielfalt erhalten und für die Leser bezahlbar bleibt. Also: Egal ob im Internet, in der Großbuchhandlung, beim lokalen Buchhändler, im Dorf oder in der Stadt – überall bekommen Sie Ihre verlagsneuen Bücher zum selben Preis.

Gedruckt auf PERGRAPHICA® Classic Rough 150 g/m². Mit Liebe in Österreich produziert bei Mondi.

© 2021 Verlagshaus Jacoby & Stuart, Berlin
Idee, Konzeption & Gestaltung: Judith Drews
Alle Rechte vorbehalten
Printed in Slovenia
ISBN 978-3-96428-085-5

JUDITH DREWS

DIE EINHORN ENZYKLOPÄDIE

VERLAGSHAUS JACOBY STUART

Wir kennen sie alle,
und doch wissen wir so wenig
über diese magischen Tiere.
Einhörner sind die edelsten
aller Wesen. Noch leben sie
mitten unter uns, doch immer
weniger Menschen sind in der Lage,
sie zu sehen.

Um die letzten Einhörner und
ihre Lebensräume, die Wälder,
zu schützen, müssen wir noch einiges
über sie lernen und ...
den Kindern zuhören!

INHALT

SEIT WANN GIBT ES DAS EINHORN?

Die Vorfahren der Einhörner sahen ungefähr so aus.

Es gibt viele 1000 Jahre alte Darstellungen

von Einhörnern an Höhlenwänden und auf Steinen.

Mosaike aus vergangenen Zeiten zeigen ebenfalls Einhörner.

Schon antike Statuen stellten Einhörner dar.

Dieses chinesische Ton-Einhorn
ist über 2000 Jahre alt.

Natürlich besaß Königin Elizabeth I. ein Horn eines Einhorns. Es war 170 cm lang und diente ihr als Zepter.

Auch der russische Herrscher Iwan der Schreckliche benutzte sein Einhorn-Horn als Zepter.

Das tapfere Schneiderlein der Brüder Grimm
soll sogar ein Einhorn gefangen haben. Heißt es.

Der römische Kaiser Julius Caesar soll ein Einhorn in einem deutschen Wald erblickt haben.

Vor 100 Jahren war die Einhorn-Frisur sehr beliebt.

WAS FÜR EINHÖRNER GIBT ES?

Ein Einhorn-Verwandter lebt unter Wasser.

Er heißt Narwal.

Auch das Nashorn ist eine Art Einhorn.

Diese arme Kuh ist auch ein Einhorn.

Aber kein echtes.

Das echte Einhorn ist meistens weiß
wie das Mondlicht.

Sie können natürlich auch bunt sein.

Unterarten

Verschmustes Einhorn

Glitzerndes Einhorn

Florales Einhorn

Oder sogar gemustert.

Das Königs-Einhorn gehört
zur Art der Tag-Einhörner

Ein Einhorn mit Flügeln ist ein Pegasus-Einhorn.

Das Wind-Einhorn kann die Winde befehlen.

Einhorn-Geister gibt es auch. Keine Frage!

Das Feuer-Einhorn erscheint ganz besonders gern bei Vollmond zum mitternächtlichen Lagerfeuer.

Manchmal trifft es dort das Mond-Einhorn.
Beide gehören zur Art der Nacht-Einhörner.

Und dann gibt es natürlich die Wasser-Einhörner.

Sie leben – wie könnte es anders sein – im Wasser.

Das Eis-Einhorn glitzert vor Kälte. Sein Bad nimmt es in den Nordlichtern am Horizont.

Eins solltet ihr aber wissen: Wer nicht an Einhörner glaubt, sieht nur ein weißes Pferd.

DER EINHORN-KÖRPER

Einige Einhörner sind eher rundlich,

und andere ziemlich dünn.

Manche Einhörner sind klein.

Und andere sehr groß.

Das Einhorn wird mit goldglitzerndem Fell geboren.

Einhorn-Milch können wir leider nicht trinken.

Skelett

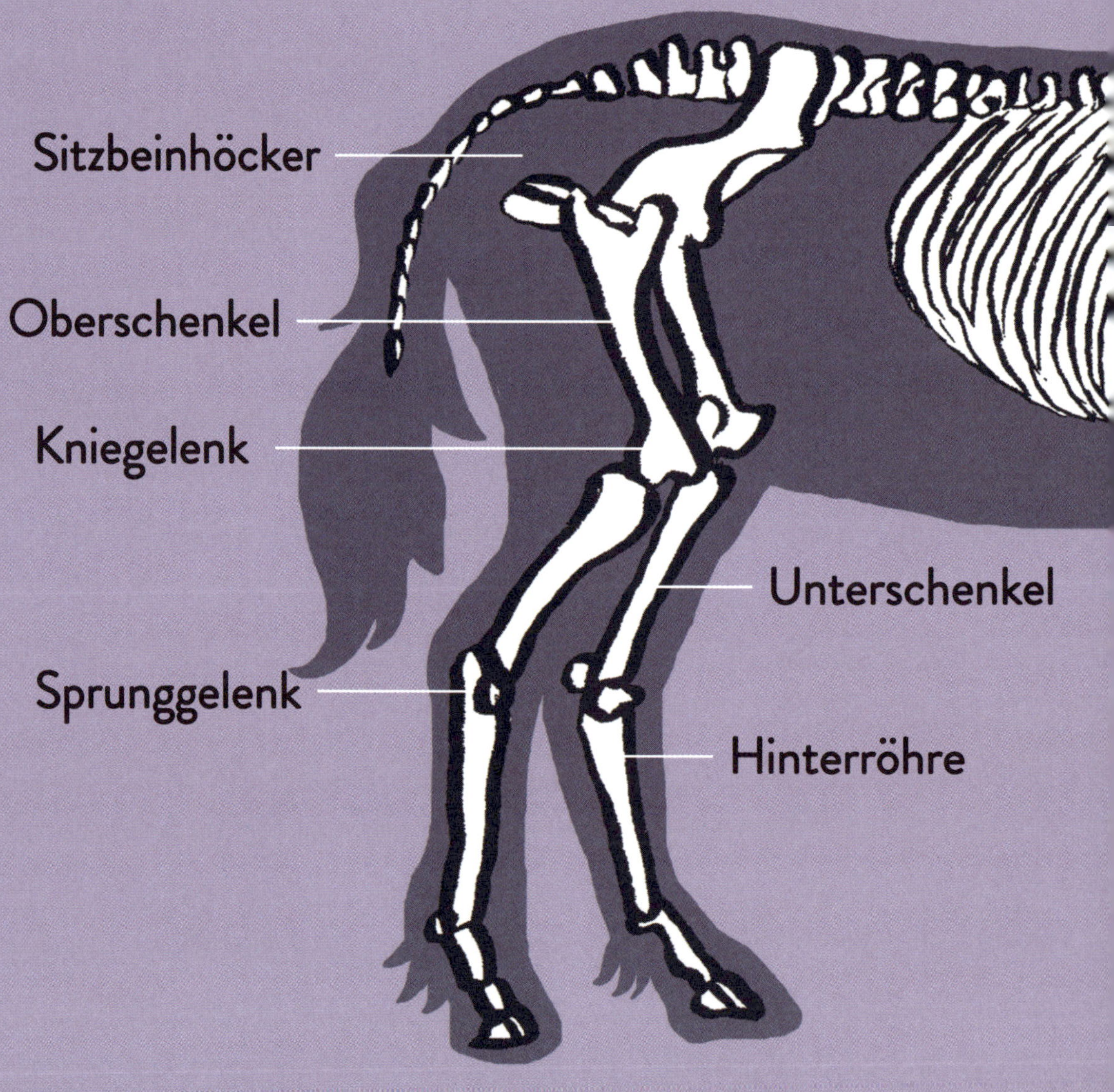

Innen sieht es beim Pferd

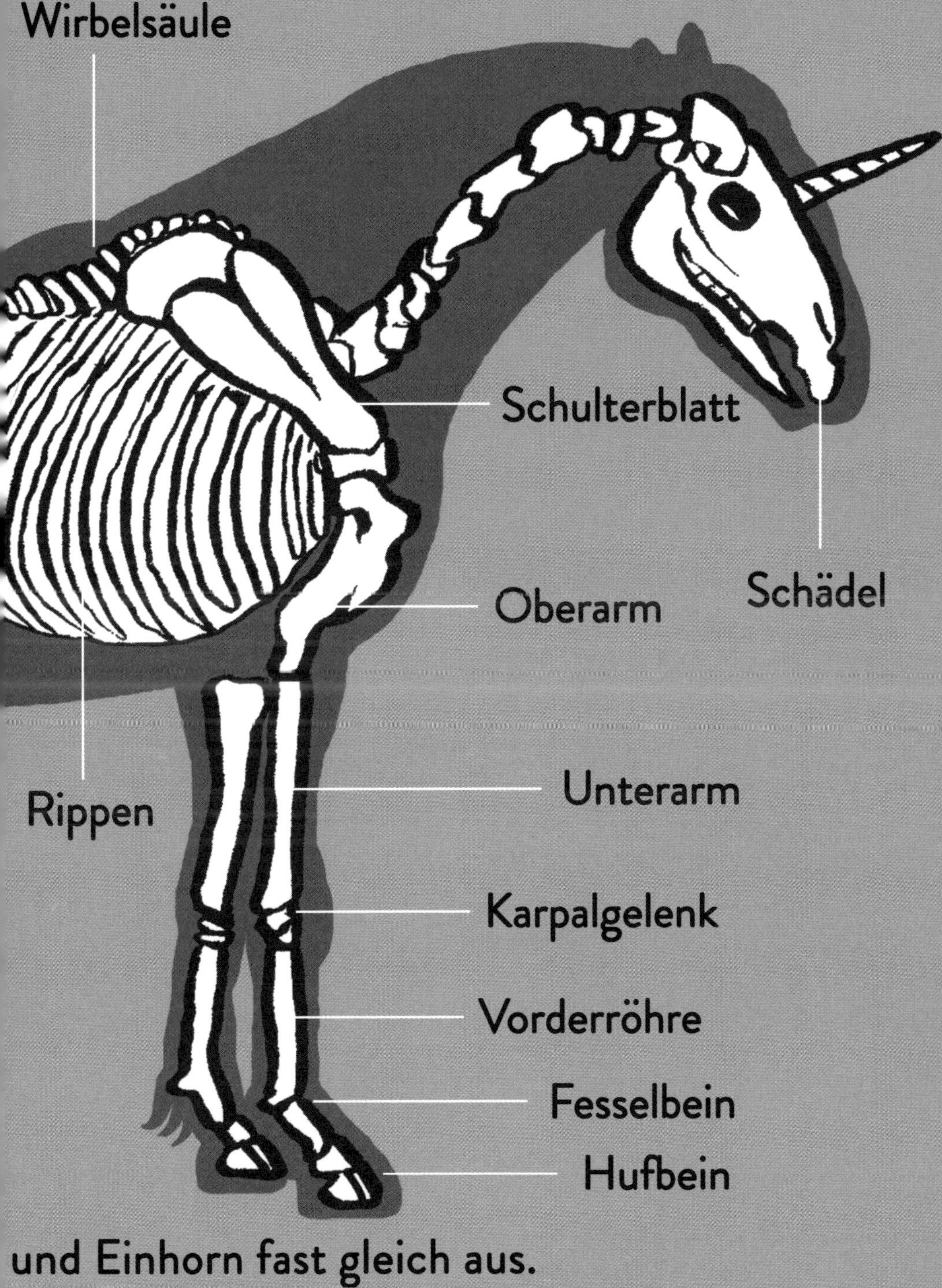

und Einhorn fast gleich aus.

Ihr Horn ist aus Elfenbein.

So ähnlich wie beim Elefanten die Stoßzähne.

Das Einhorn hat magische Kräfte, weil …

... unter seinem Horn ein Karfunkelstein sitzt.

Die Medizin aus dem Pulver des Einhorn-Horns galt im Mittelalter als Wundermittel.

Viele Apotheken haben deshalb noch heute ein Einhorn in ihrem Wappen.

Die Hufe des Einhorns sind gespalten.

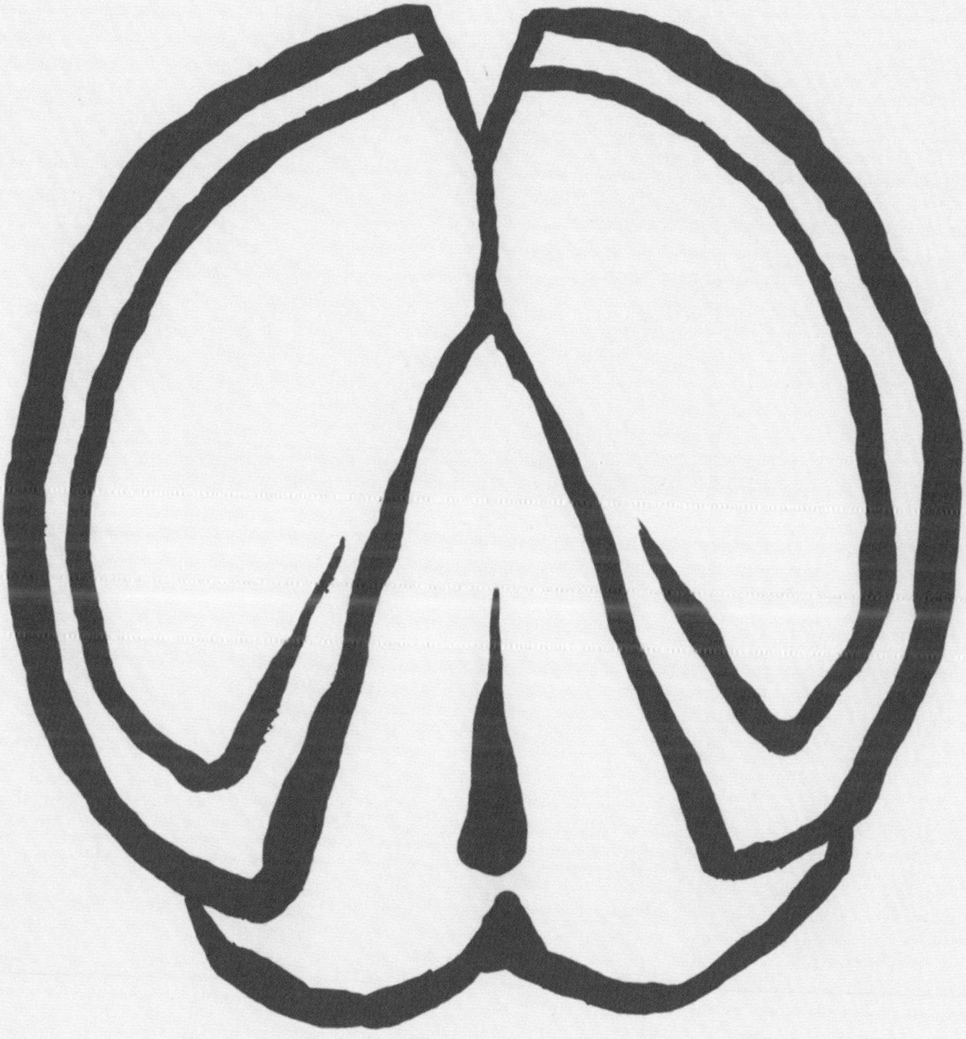

Ihr Hufabdruck sieht ungefähr so aus.

Mähne und Schweif sind oftmals schön geflochten.

Und jedes einzelne Haar steckt voller Magie, ...

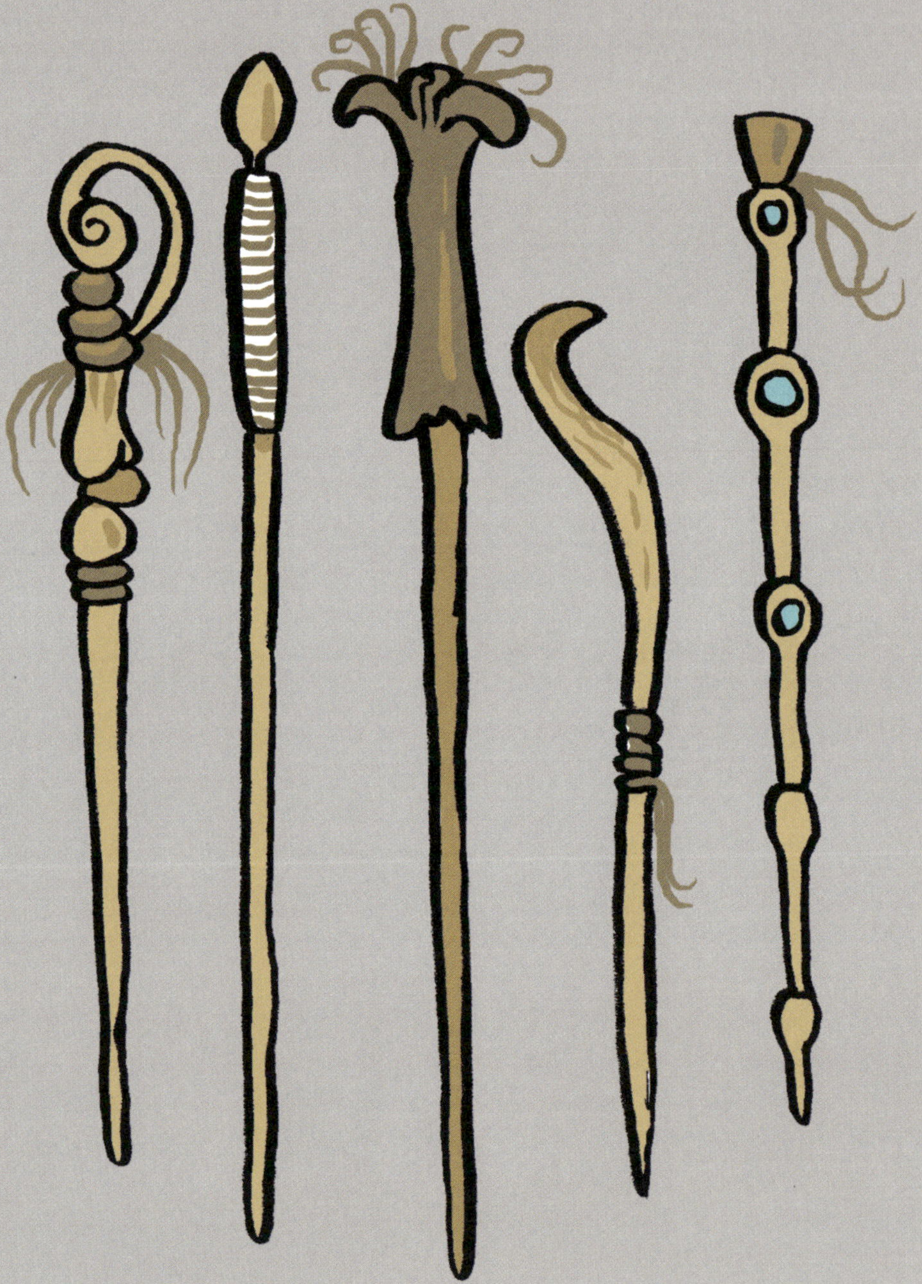

… darum werden sie auch zur Herstellung
von Zauberstäben verwendet.

Umhänge, die unsichtbar machen,
bestehen zu 100 % aus Einhorn-Haaren.

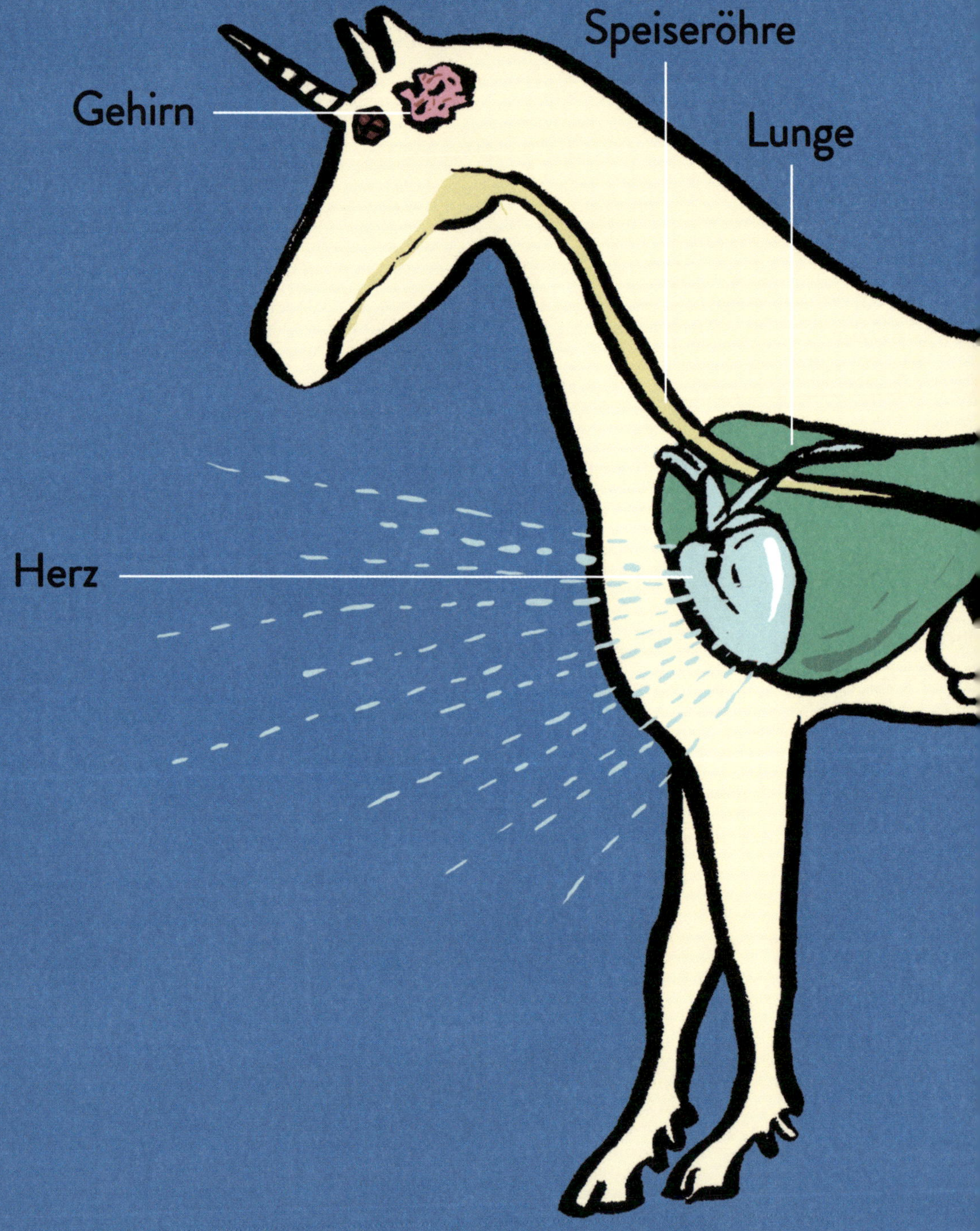

Das Herz des Einhorns ist aus Glas

Organe

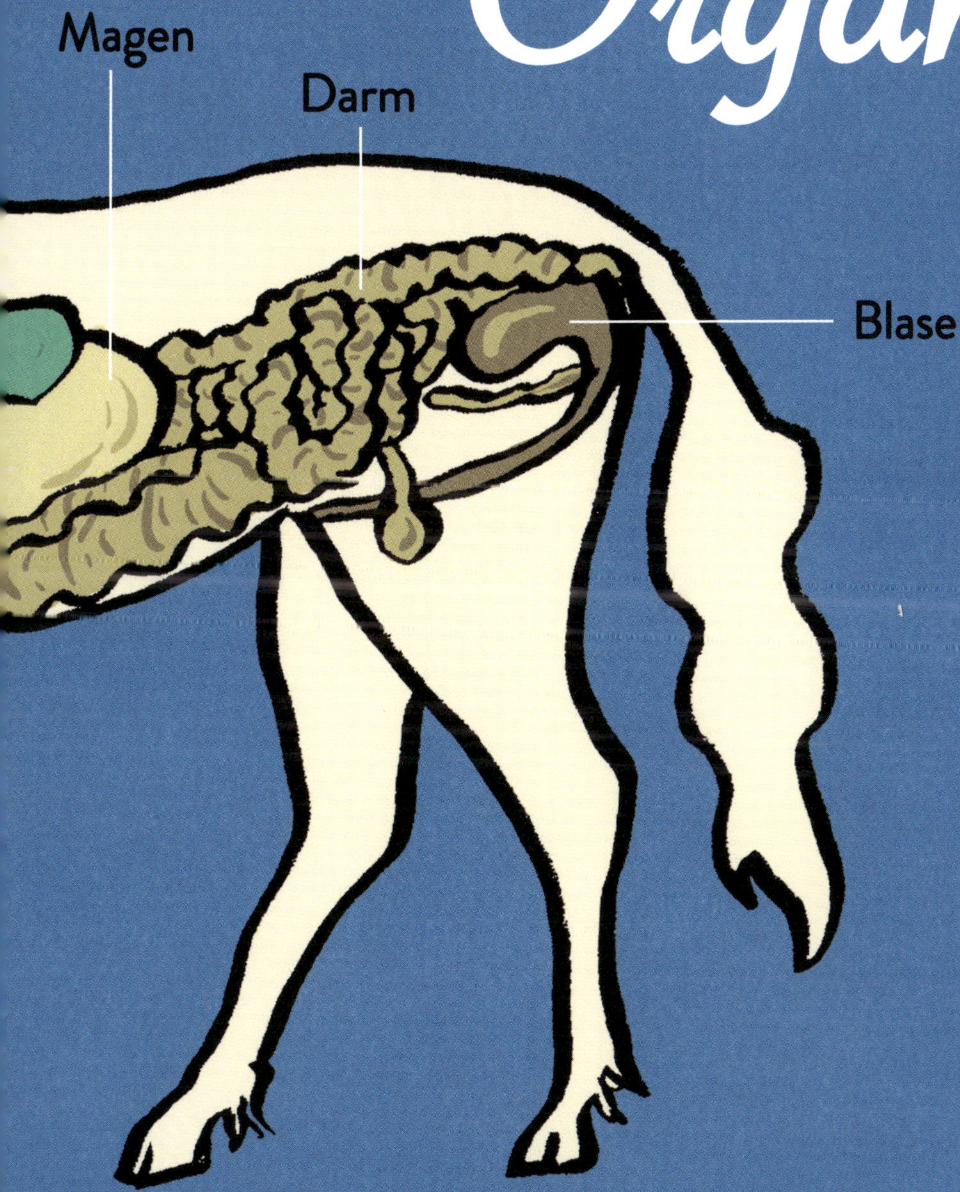

und kann sehr stark leuchten.

Einhorn-Tränen funkeln wie Diamanten.

Solltest du eine Einhorn-Träne im Wald finden, dann trage sie immer bei dir. Sie wird dich beschützen.

EINHÖRNER UM UNS HERUM

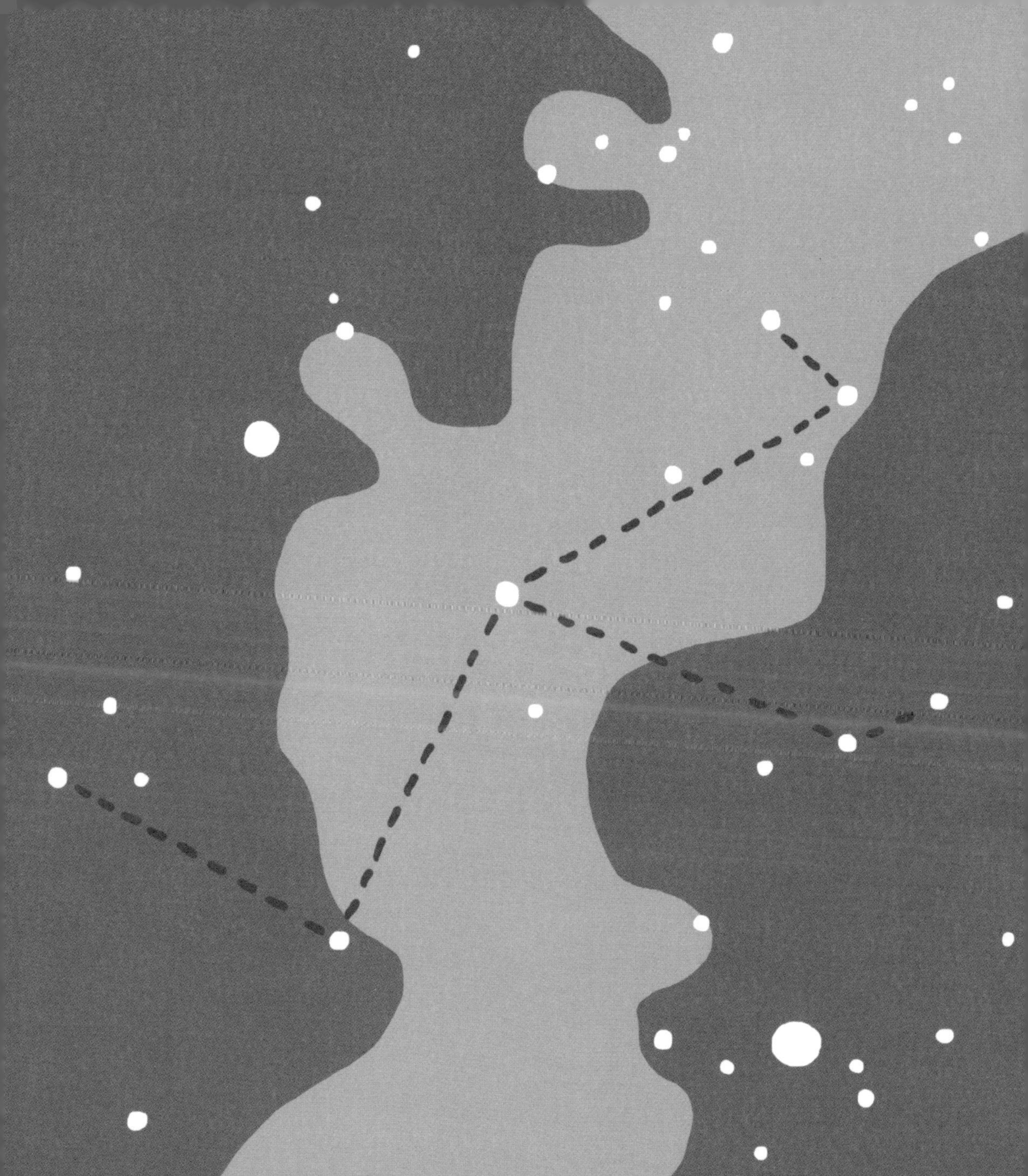

Am Himmel gibt es ein Sternbild, das „Monoceros“ heißt. Das ist Griechisch und bedeutet Einhorn.

Es gibt sogar eine Einhorn-Briefmarke.

Schottland hat ein Einhorn als Wappentier.

Dort gibt es Münzen,
die ein Einhorn schmückt, ...

... ja, sogar Schiffe mit Einhörnern als Galionsfigur.

Auf der italienischen Isla Bella – der Schönen Insel – gibt es eine riesige Einhorn-Skulptur.

Und seit Hunderten von Jahren trägt die Schöne Insel in ihrem Wappen schon das Einhorn.

Es gibt noch viele weitere Wappen,
die ein Einhorn als Schutztier zeigen.

Das Quilin ist ein Einhorn aus China.

Es gibt jede Menge

Einhörner in Kinderzimmern.

Mary Poppins ritt mit einem Karussell-Einhorn auf und davon. Oder war es ein Pferd?

Der 1. November ist der Internationale Tag des Einhorns.

DAS WESEN DES EINHORNS

Einhörner sind grundsätzlich sehr scheu.

Und sie sind besonders liebe Eltern.

Einige Einhorn-Väter haben sogar einen Bart.

Alle Einhörner, außer dem Feuer-Einhorn, haben Angst vor Feuer.

Bei Unwetter lenken Einhörner jedoch mutig die Blitze ab, um ihren Wald zu beschützen.

Jedes Einhorn kann über

einen Regenbogen laufen.

Fotografieren lassen sie sich niemals!

Sie können ganz plötzlich erscheinen …

… und ebenso schnell wieder verschwinden.

Einhörner verehren die Natur und ...

… beschützen den Wald, in dem sie leben.

Nur Feen und Elfen können auf Einhörnern reiten.

Das Einhorn liebt Vogelgezwitscher – ja,

manchmal tanzen Einhörner sogar dazu.

NAHRUNG UND PFLEGE

Die Milchstraßen-Milch ist die beste für Einhörner.

Weil Einhörner aber auch von Erdbeerbrausepulver niemals genug bekommen können,

... riechen sie manchmal nach süßen Erdbeeren.

Essen

Goldrute
Lilie

Pegasus-Einhörner essen am liebsten Mondblumen.

Einhorn-Pupse duften nach rosa Zuckerwatte!

Einhorn-Äpfel bestehen aus funkelndem Sternenstaub.

Einhörner sind sehr eitel. Sie können stundenlang ihr Spiegelbild im Silbersee bewundern.

Gebadet wird allerdings im Mondlicht.

Das Licht der Sonne gibt den Einhörnern Kraft, genauso wie uns Menschen auch.

Ihre Hörner polieren Einhörner durch Kuscheln.

Und krank werden Einhörner nie.

FREUNDE UND FEINDE DES EINHORNS

Ein Einhorn lässt sich niemals einfangen.

Manche Menschen versuchen es trotzdem.

Aber es kann ihnen niemals gelingen.

Doch in den Wellen des Meeres können Einhörner gefangengehalten werden.

Es gibt allerdings tatsächlich einige Tiere,
die keine Einhörner mögen:

Feinde

Greife
Mantikore
Löwen

Ein Einhorn greift nur an,
wenn es nicht flüchten kann.

In einem Einhorn-Wald kann es keinem Jäger gelingen, einem Tier Leid anzutun.

Freunde

Alle Tiere des Waldes sind

nämlich die Freunde des Einhorns.

Doch die allerbesten Freunde
von Einhörnern sind Einhörner.

Und Kinder, natürlich.

Alle Einhörner suchen die Nähe eines Kindes, um für kurze Zeit neben ihm zu liegen.

Einhörner beschützen die Träume der Kinder.

Und können sie sogar in ihren Träumen treffen.

Noch gibt es sie, die Einhörner. Aber wir

müssen gut auf unsere Wälder aufpassen, ...

... damit das Einhorn und mit ihm die Magie
auf unserer schönen Erde nicht verschwindet.